TOBIAS SCHÖNEMANN

DRUMMERS FORGE VOL. 2

INHALT

Notation

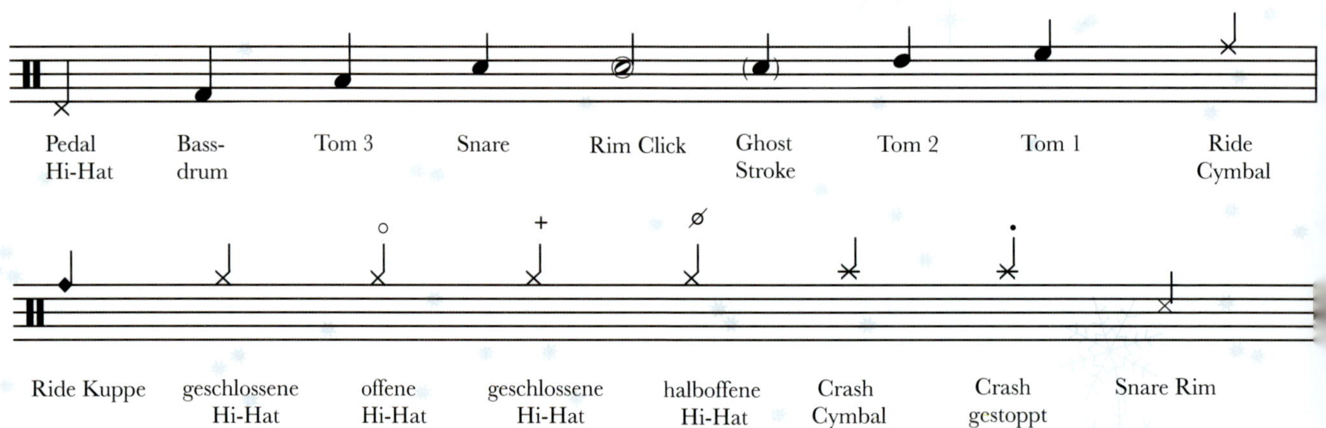

Pedal Hi-Hat
Bass-drum
Tom 3
Snare
Rim Click
Ghost Stroke
Tom 2
Tom 1
Ride Cymbal
Ride Kuppe
geschlossene Hi-Hat
offene Hi-Hat
geschlossene Hi-Hat
halboffene Hi-Hat
Crash Cymbal
Crash gestoppt
Snare Rim

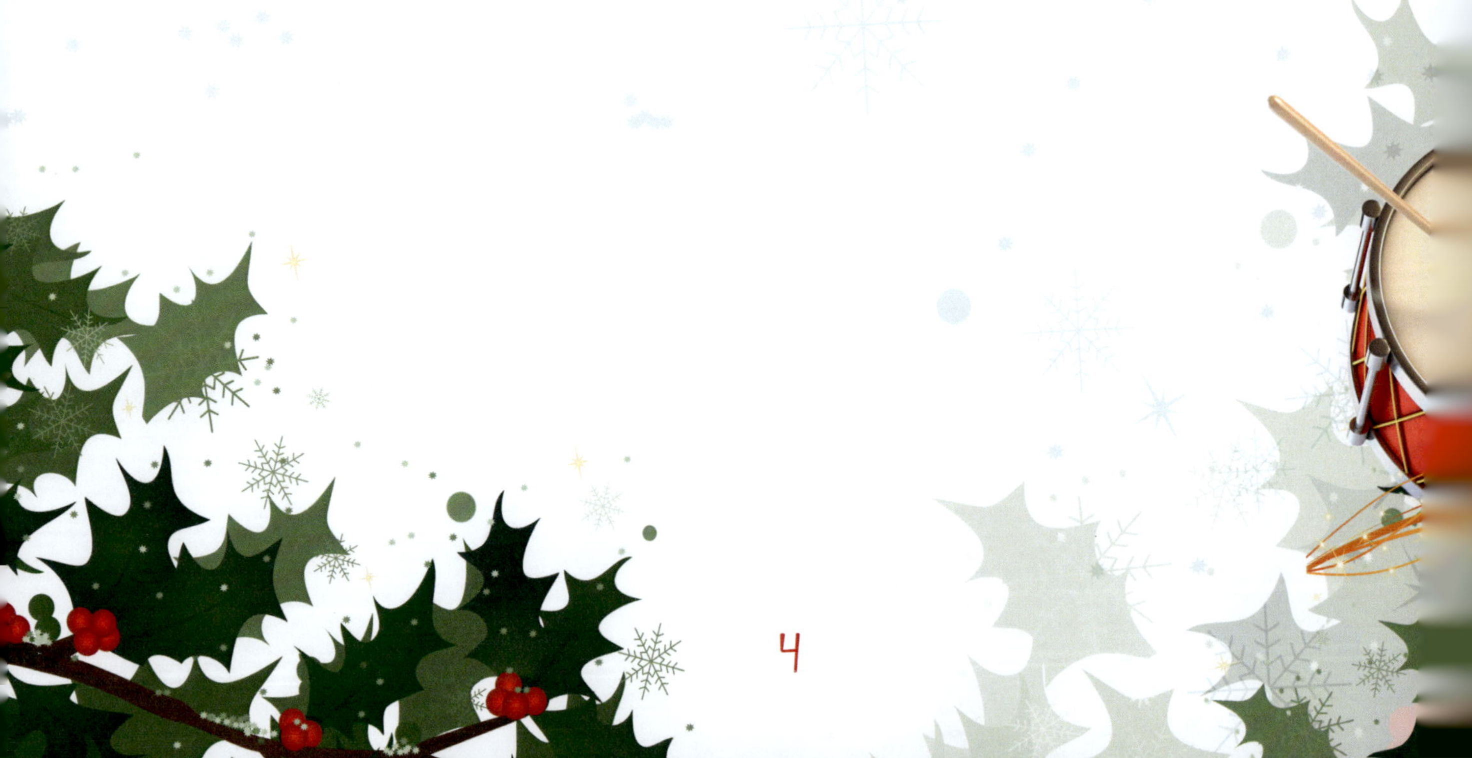

Vorwort

Schwierigkeitsstufen:

Catchy: Leicht
Cool: Mittel
Tricky: Schwer

Playalongs:

Die Playalongs sind in einer Geschwindigkeit eingespielt. Wer es langsamer oder sogar schneller haben möchte, kann sich die Songs in den Windows Media Player * als mp3 laden und unter "Einstellungen" - "Extras" die Geschwindigkeit bearbeiten. Im deinem Appstore solltest du auch Software finden, mit welcher du die Geschwindigkeit bearbeiten kannst.

Für "ALLE JAHRE WIEDER" ist der Percussionteil notiert.

Für "LASST UNS FROH UND MUNTER SEIN" ist die Malletstimme notiert.

Für Anregungen und Verbesserungen stehe ich gerne zu Verfügung:
info@hallkammerverlag.de

Viel Spaß,

Tobias Schönemann

Alle Jahre wieder

Vers 1

Alle Jahre wieder
kommt das Christuskind
auf die Erde nieder,
wo wir Menschen sind.

Vers 2

Kehrt mit seinem Segen
ein in jedes Haus,
geht auf allen Wegen
mit uns ein und aus.

Vers 3

Steht auch mir zur Seite,
still und unerkannt,
dass es treu mich leite
an der lieben Hand.

Alle Jahre wieder

Catchy

Text: Wilhelm Hey
Musik: Friedrich Silcher
Arr.: Tobias Schönemann

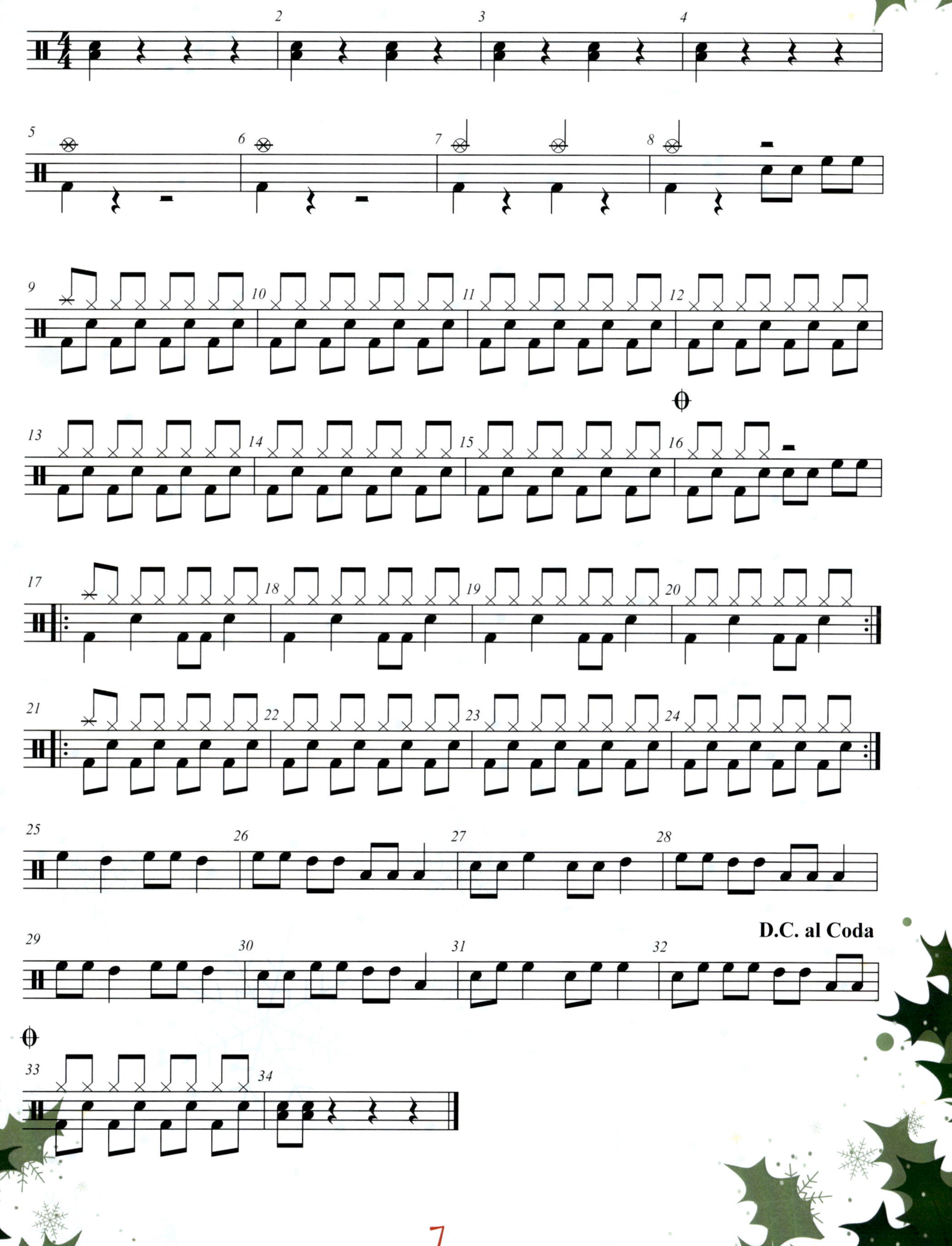

Alle Jahre wieder

Cool

Text: Wilhelm Hey
Musik: Friedrich Silcher
Arr.: Tobias Schönemann

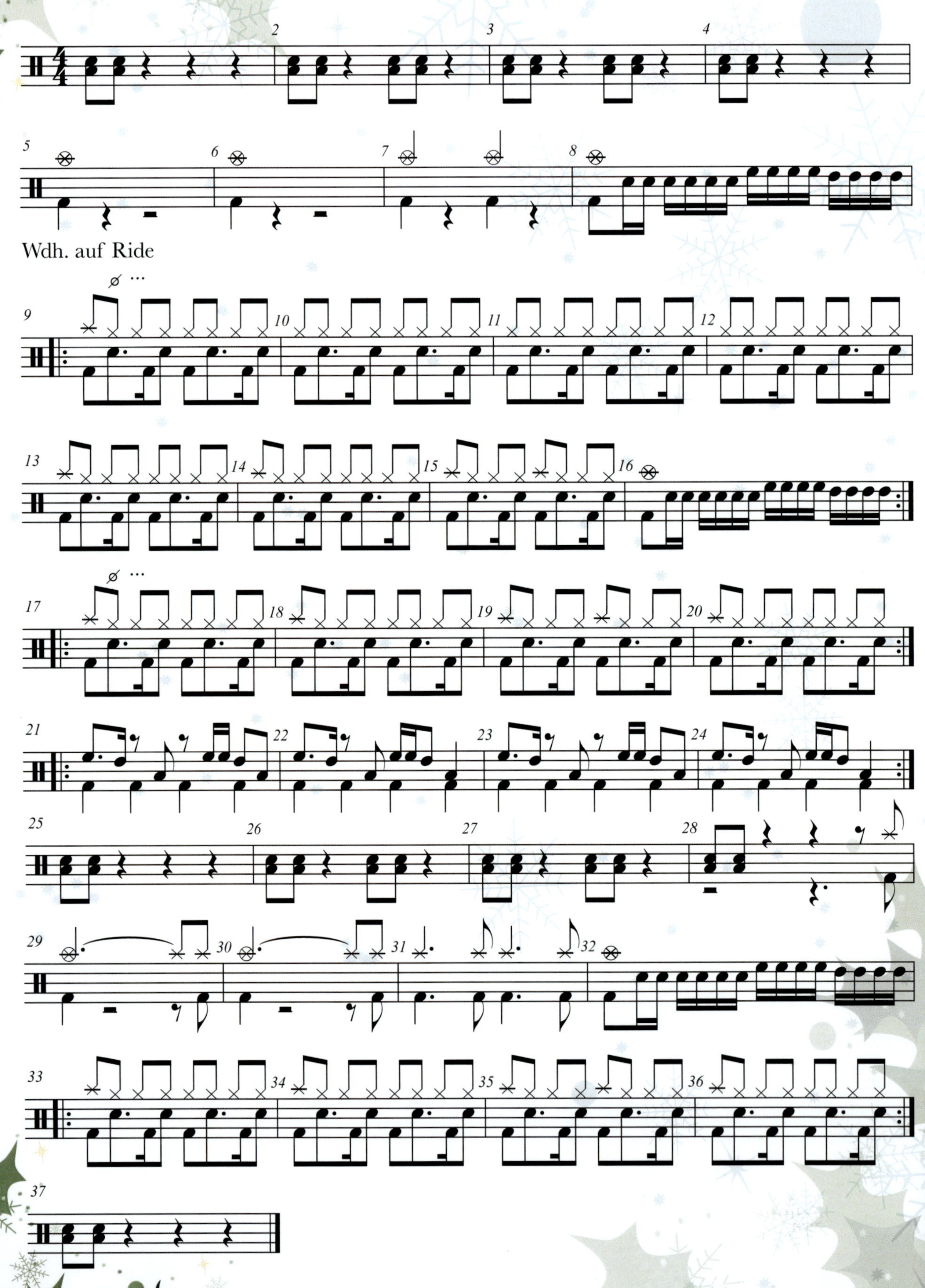

Alle Jahre wieder

Percussionteil

Text: Wilhelm Hey
Musik: Friedrich Silcher
Arr.: Tobias Schönemann

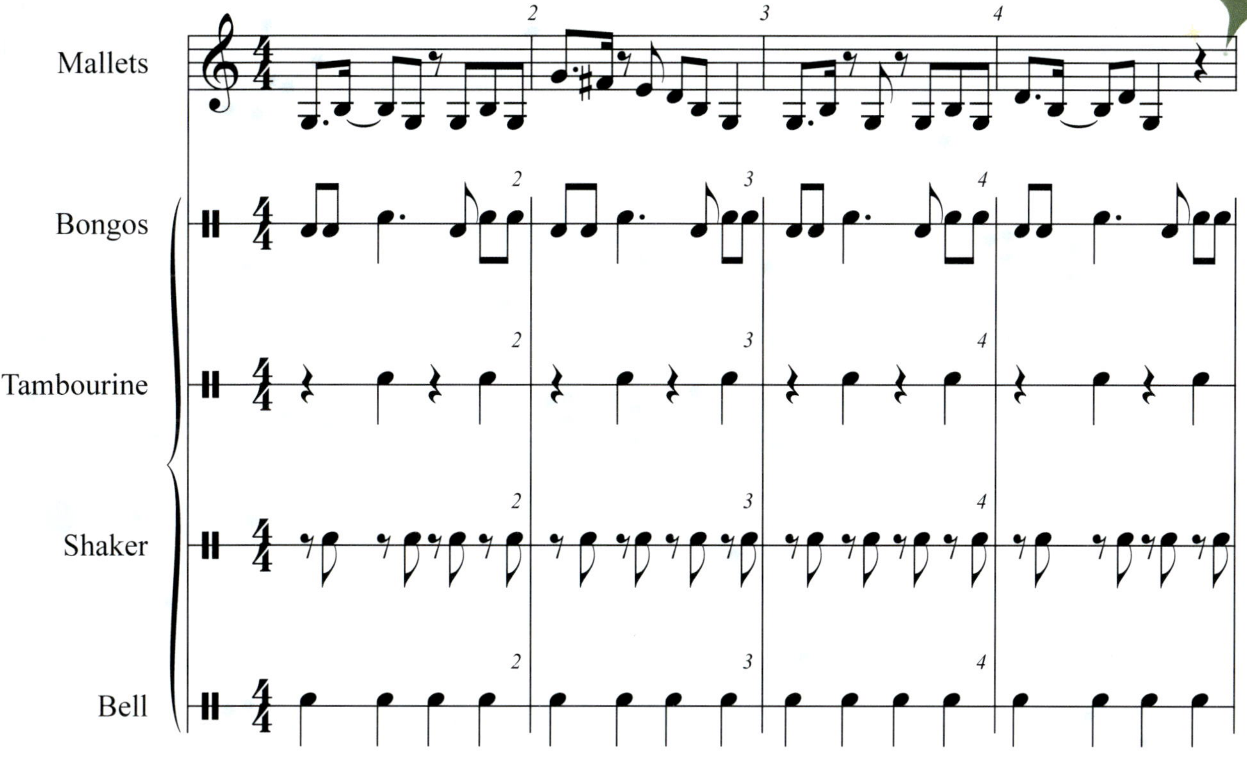

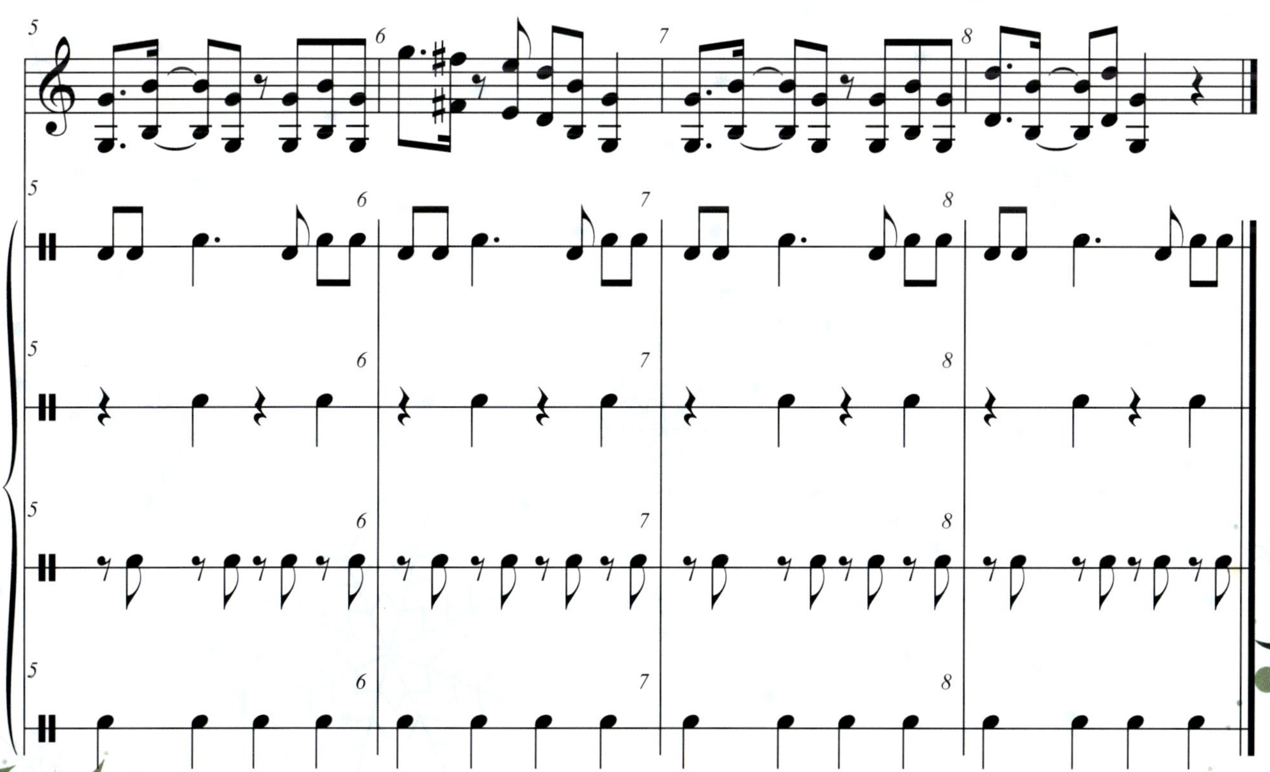

Stille Nacht, Heilige Nacht!

Vers 1
Stille Nacht, heilige Nacht!
Alles schläft, einsam wacht
nur das traute hochheilige Paar.
Holder Knabe im lockigen Haar,
schlaf in himmlischer Ruh,
schlaf in himmlischer Ruh!

Vers 2
Stille Nacht, heilige Nacht!
Hirten erst kundgemacht
durch der Engel Halleluja,
tönt es laut von fern und nah:
Christ, der Retter ist da,
Christ, der Retter ist da!

Vers 3.
Stille Nacht, heilige Nacht!
Gottes Sohn, o wie lacht
Lieb aus deinem göttlichen Mund,
da uns schlägt die rettende Stund',
Christ, in deiner Geburt,
Christ, in deiner Geburt!

Stille Nacht, heilige Nacht

Cool

Text: Josef Mohr
Musik: Franz Gruber
Arr.: Tobias Schönemann

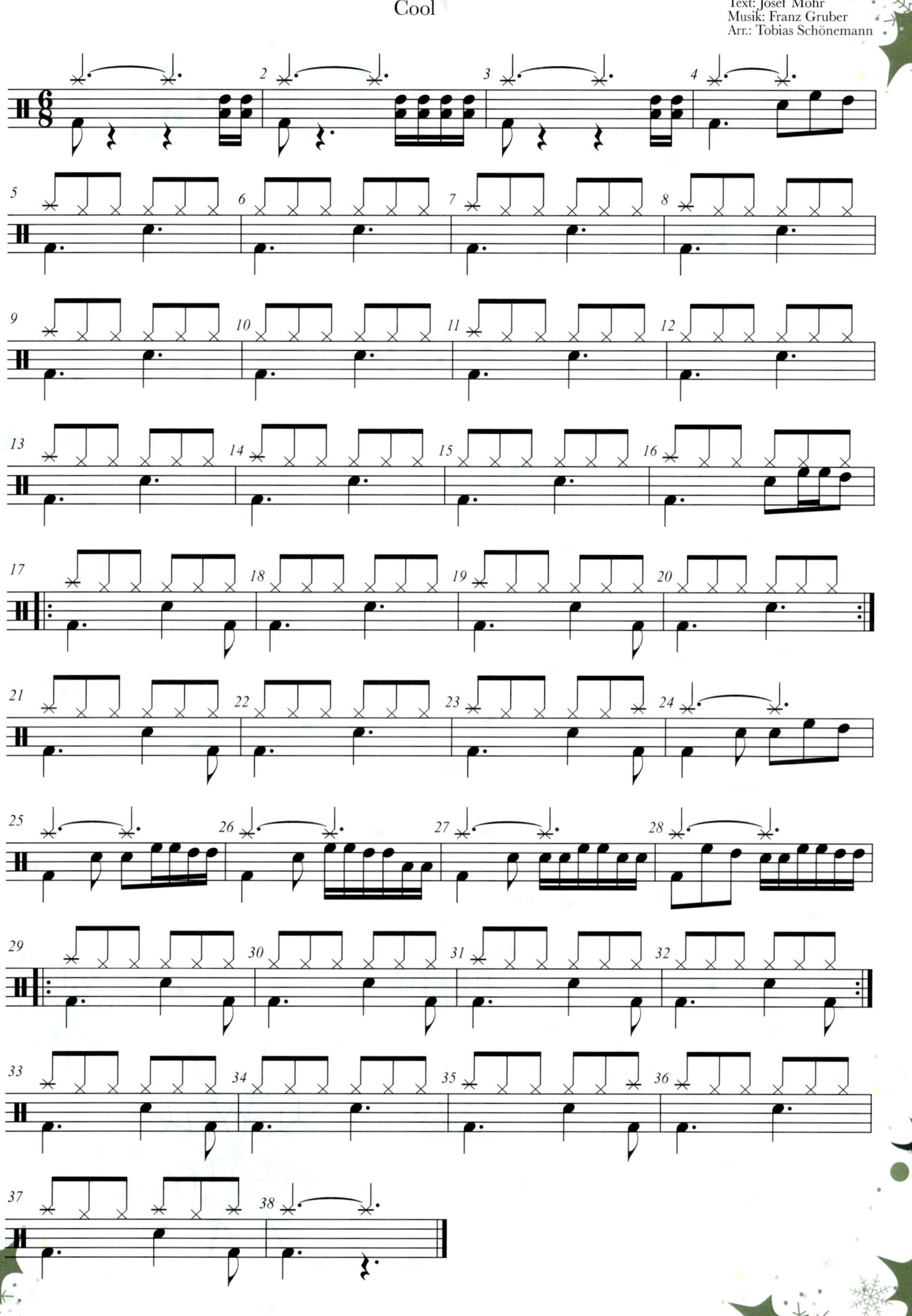

Stille Nacht, heilige Nacht

Tricky

Text: Josef Mohr
Musik: Franz Gruber
Arr.: Tobias Schönemann

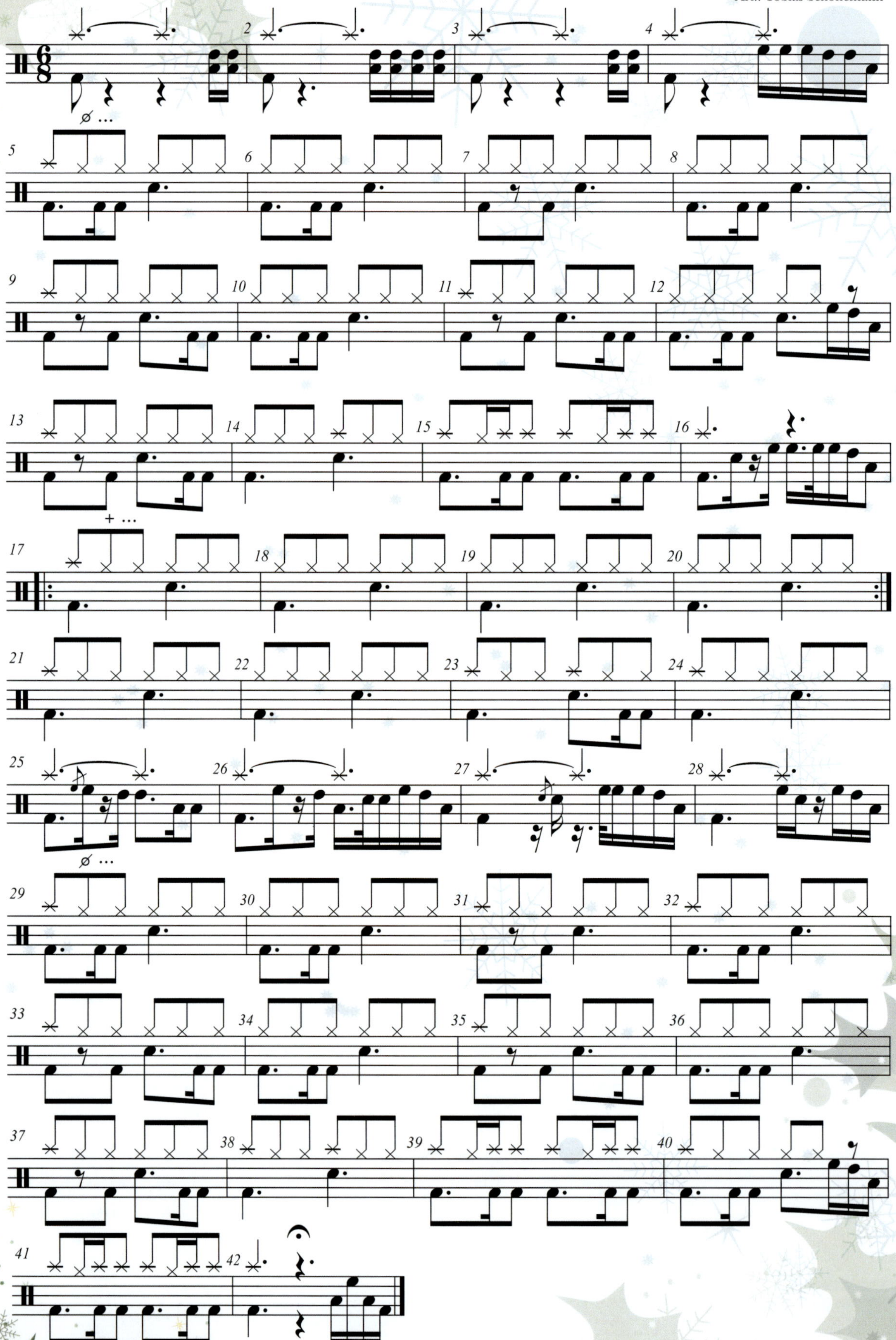

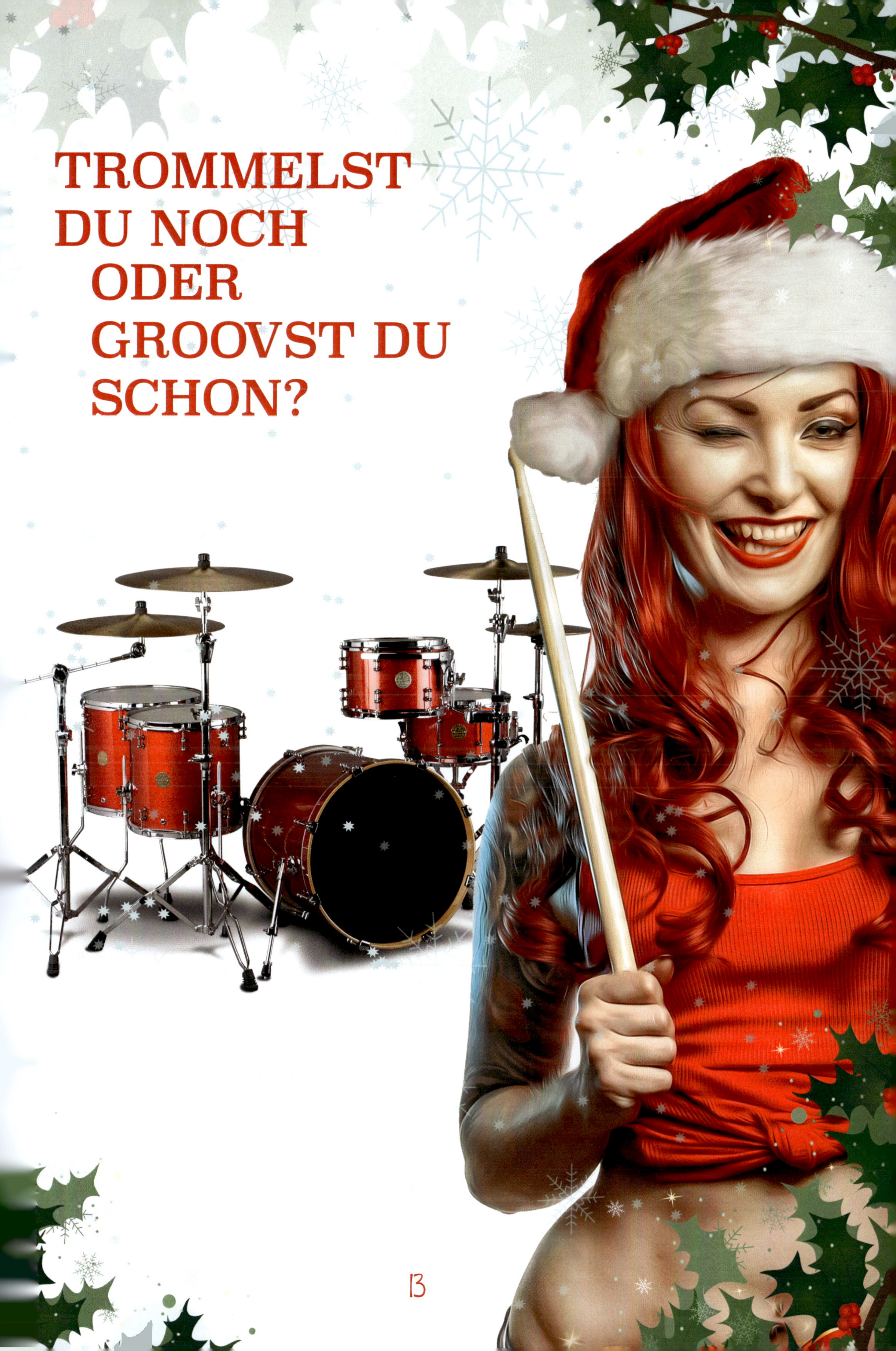
TROMMELST
DU NOCH
ODER
GROOVST DU
SCHON?

Lasst uns froh und munter sein

Vers 1

Lasst uns froh und munter sein
und uns recht von Herzen freun!
Lustig, lustig, tralalalala
bald ist Nikolaus abend da,
bald ist Nikolaus abend da!

Vers 2

Dann stell ich den Teller auf,
Niklaus legt gewiß was drauf,
Lustig, lustig, tralalalala...

Vers 3

Wenn ich schlaf dann träume ich,
jetzt bringt Niklaus was für mich.
Lustig, lustig, tralalalala...

Vers 4

Wenn ich aufgestanden bin,
lauf ich schnell zum Teller hin.
Lustig, lustig, tralalalala,
nun war Niklausabend da,
nun war Niklausabend da!

Lasst uns froh und munter sein

Catchy

Text und Musik aus dem Rheinland
Arr.: Tobias Schönemann

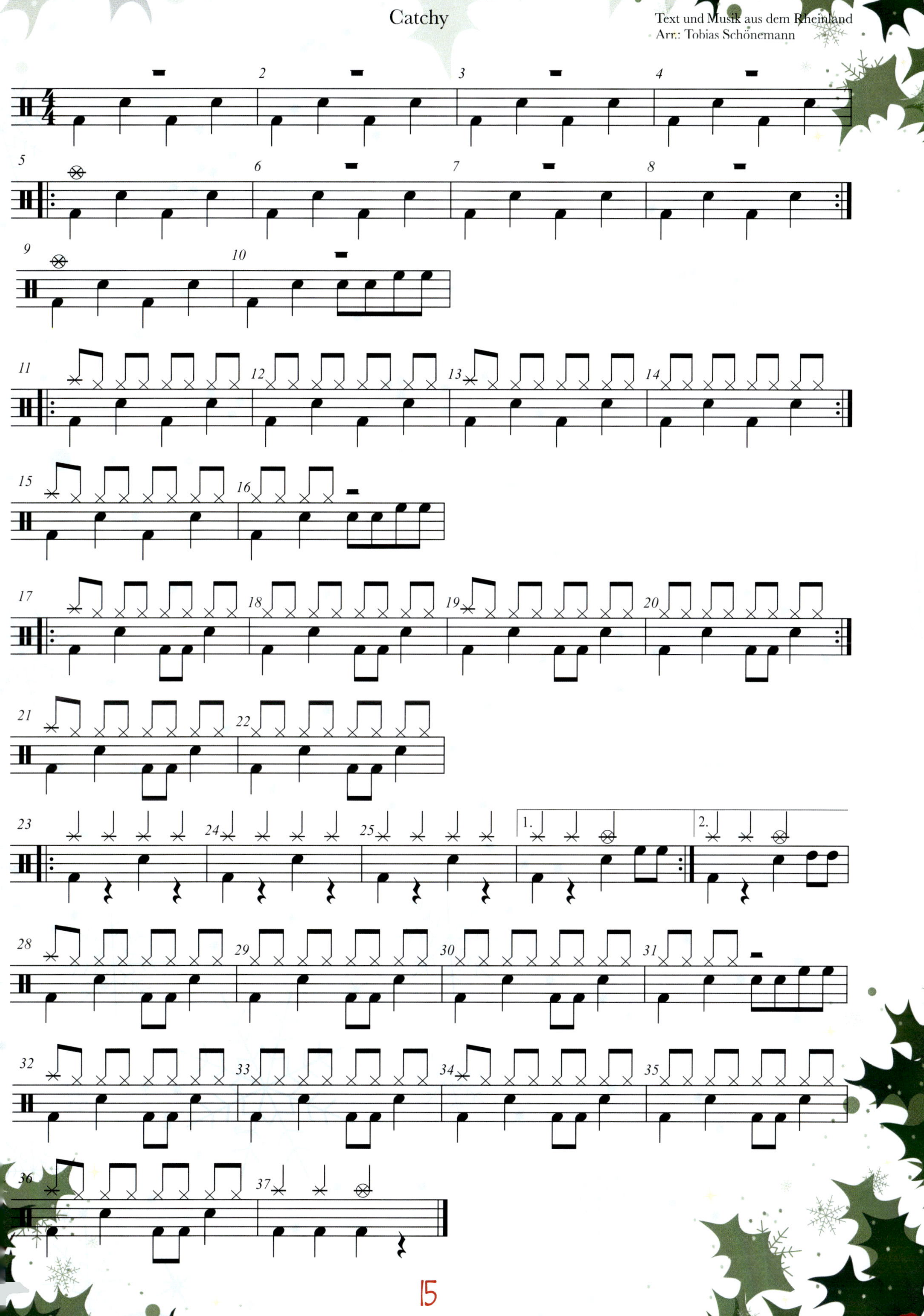

Lasst uns froh und munter sein

Cool

Text und Musik aus dem Rheinland
Arr.: Tobias Schönemann

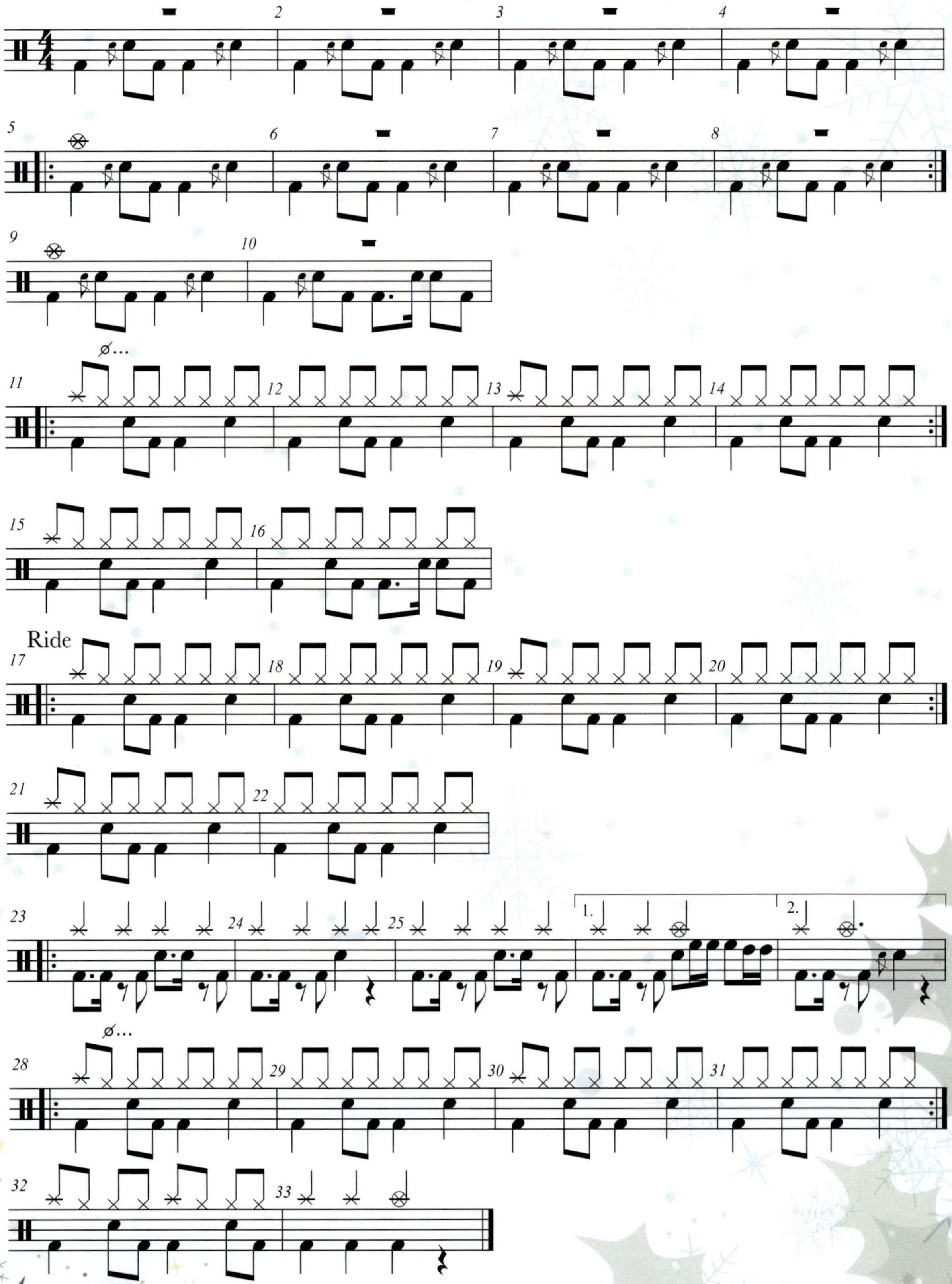

Ride

Lasst uns froh und munter sein

Mallets

Text und Musik aus dem Rheinland
Arr.: Tobias Schönemann

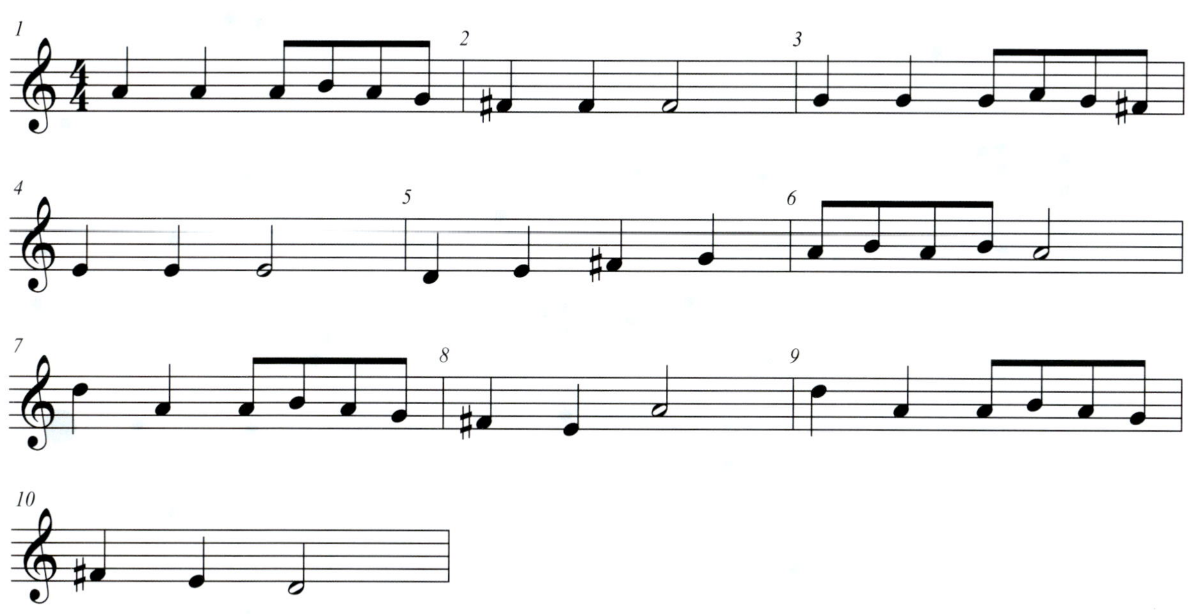

C Part:

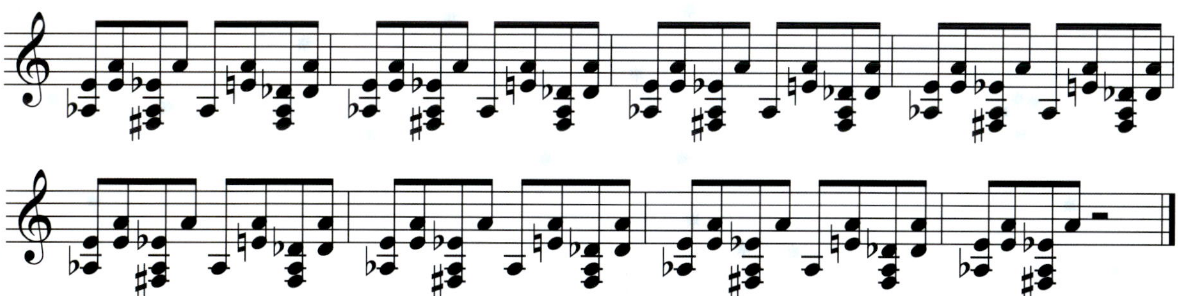

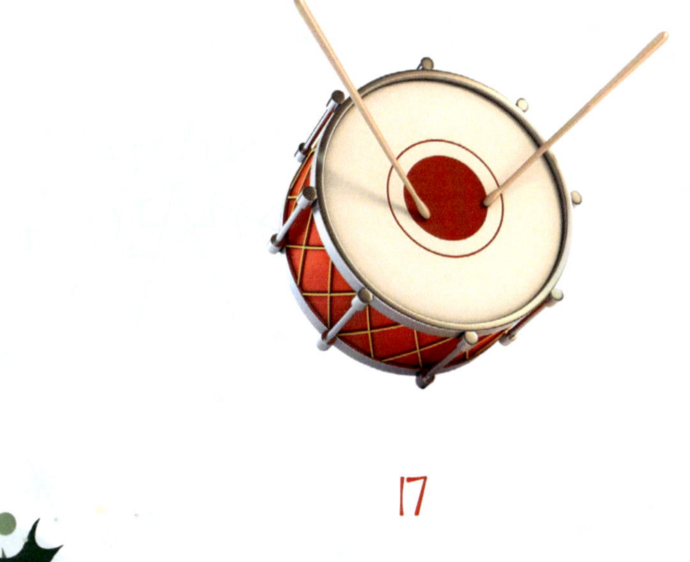

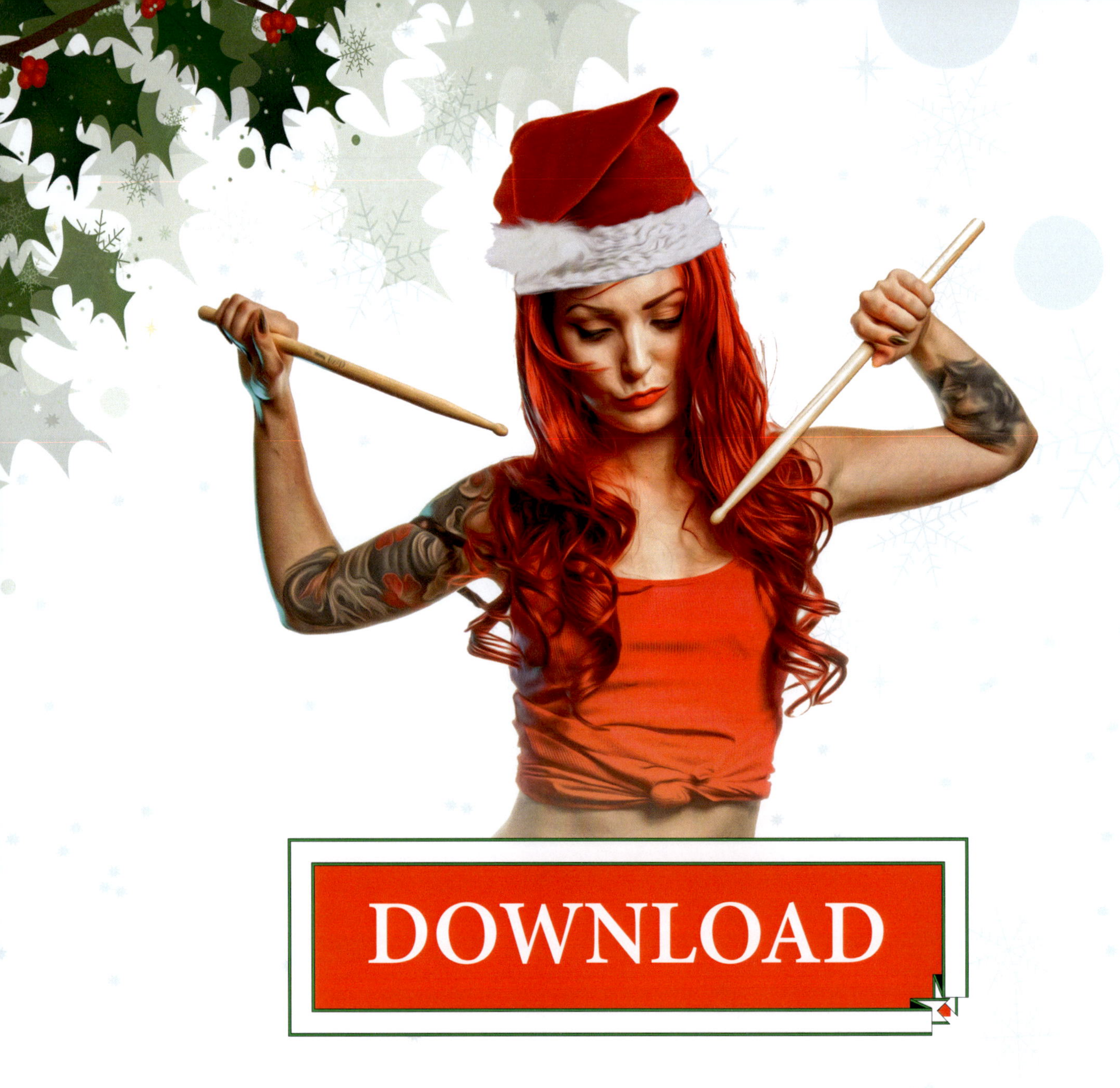

DOWNLOAD

Bitte gib in die Adresszeile deines Browsers folgende Adresse ein:

xmas2.hallkammerverlag.de

Nun gibst du die folgenden Passwörter in die dafür vorgesehenen Felder ein.
Bitte achte auf Groß- und Kleinschreibung!

Benutzer/Name: xmas2
Passwort/Kennwort: Rocknroll

Solltest du beim Herunterladen Probleme haben,
findest du unter folgender Adresse Hilfe:

info@hallkammerverlag.de

DOWNLOAD

Die Playalongs findest du auf allen Plattformen wie Spotify, iTunes, Amazon Music, Deezer u.s.w.!

Suchbegriffe sind: „Drummers Forge“, „Tobias Schönemann“ „Weihnachten am Schlagzeug“.

Du kannst auch eine Mail an: info@hallkammerverlag.de schreiben und du bekommst die Playalongs als MP3 zugesendet!

NOTIZEN

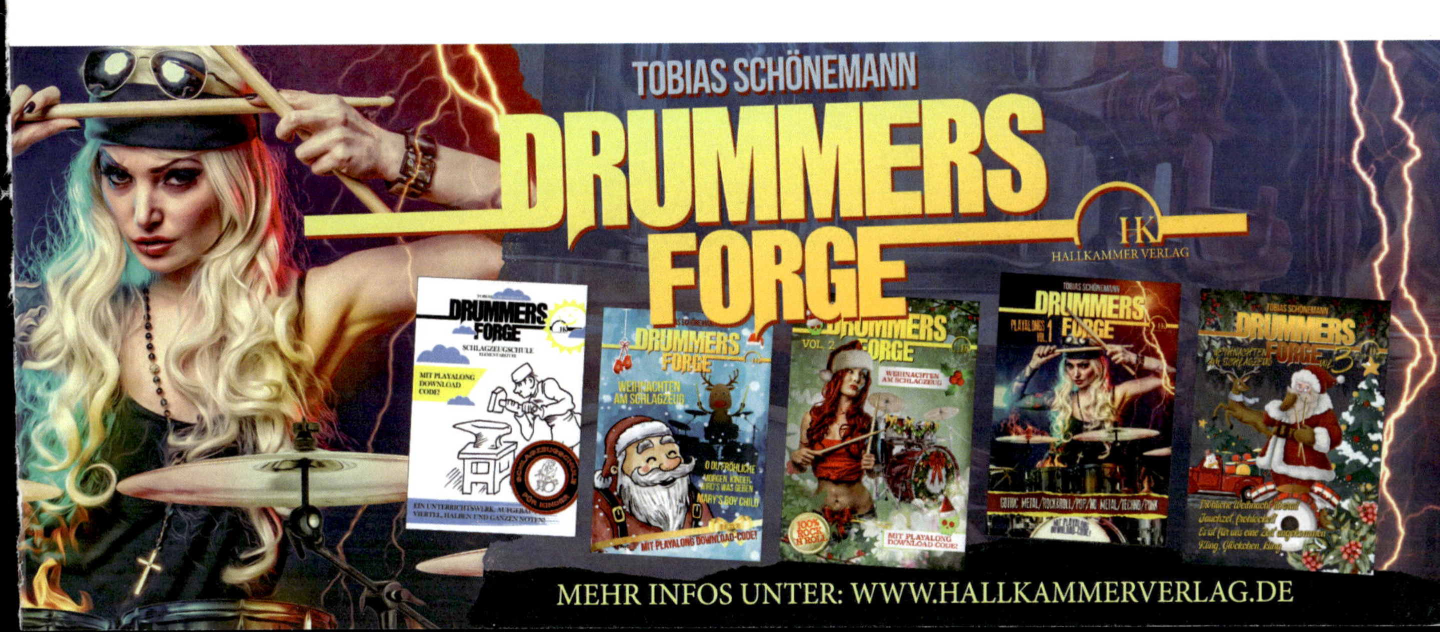